AF265614

TESTAMENT

DE

NICOLAS SABOLY

Prêtre, Bénéficier et Maître de Musique de l'église
paroissiale et collégiale de St-Pierre d'Avignon

PUBLIÉ POUR LA PREMIÈRE FOIS

Avec une NOTICE *sur ce célèbre auteur de Noëls*
provençaux et le FAC-SIMILE *d'un de ses Noëls*
autographe et inédit

PAR AUGUSTIN BOUDIN

———

Se vend au profit de la souscription ouverte pour l'érection,
dans la ville d'Avignon,
d'un monument en l'honneur de Nicolas Saboly.

———

Prix : 50 centimes.

———

AVIGNON

AUBANEL FRÈRES, IMPRIMEURS-ÉDITEURS

PLACE SAINT PIERRE, 9

PARIS

CHEZ J. TARDIEU, RUE DE TOURNON, 13

1867

Avignon. Imp. Aubanel fr.

AVANT-PROPOS DE L'AUTEUR.

L'Almanach provençal pour l'année 1868, dont je suis
le collaborateur, vient d'ouvrir une souscription sous les
auspices de MM. Mistral et Roumanille, pour l'érection
d'un monument dans Avignon, en l'honneur de Nicolas
Saboly, dont l'exécution sera confiée à l'habile ciseau de
notre compatriote Fulconis, résidant à Paris.

Je me suis empressé de répondre à leur appel, moi qui
en 1848, ai rendu au populaire auteur des Noëls provençaux, un hommage public dans mon poëme du *Soupa
de Saboly*, accueilli dès son apparition avec tant de faveur,
dans le midi de la France, et qui va faire partie de mon
recueil de poésies provençales intitulé *Li sèt Garbeto*, avec
traduction française. Le succès de cet opuscule avait été
prévu par M. Armand de Pontmartin, qui, après en avoir
entendu la première lecture chez notre ami commun, le
savant M. Requien de douce mémoire, m'en témoigna hau-
tement sa satisfaction. « Votre poëme, me dit-il, serait un
beau péristyle pour la nouvelle édition des Noëls de Saboly,
que prépare en ce moment M. Seguin ; » mais le vœu bienveillant de l'éminent critique ne put se réaliser : M. Seguin
ne fit paraître son édition sans rivale, des Noëls de Saboly
avec les airs notés, précédée d'une savante introduction,
qu'en 1856 ; et comme j'avais accompagné ma poésie d'une
Notice historique sur le célèbre chantre de la Nativité, j'ai

pensé que je ne pouvais donner un concours plus dévoué à la patriotique entreprise de mes deux confrères en *Gai Saber*, qu'en publiant au profit de la souscription une nouvelle édition revue, de ma Notice (1), suivie d'un document du plus grand intérêt : le Testament de Messire Nicolas Saboly, prêtre et bénéficier en l'église collégiale de Saint-Pierre d'Avignon, reçu par M⁰ Fs Julien, notaire royal à Marseille, le 23 avril 1671, dont je dois la connaissance récente à M. Fréd. Sauve, le secrétaire érudit de la commune de Monteux. Or, quelle n'a pas été ma surprise et, il faut le dire, ma joie, de retrouver dans cette pièce authentique, la servante dévouée de l'auteur de nos Chants les plus populaires, telle que mon imagination l'avait rêvée pour lui, avec ce caractère de fidélité antique qui lui a conquis les sympathies de mes lecteurs et inspiré les pinceaux de trois artistes avignonais: MM. Lacroix, Chautard et Geoffroy ! Le croira-t-on ? il n'est pas jusqu'au nom de cette servante modèle, à laquelle son maître a rendu un témoignage impérissable dans son acte de dernière volonté, qui ne s'accorde avec celui que je lui ai donné dans mon poëme : elle y est nommée Isabeau, c'est-à-dire Babèu, Babeloun, en provençal.

Une coïncidence si inattendue est venue ainsi transformer en figure historique, une pure création de ma fantaisie.

---

(1) M. Aug. Deloye, conservateur du Musée-Calvet d'Avignon. a bien voulu m'accorder son bienveillant concours pour cette révision.

TESTAMENT

FAIT PAR M. NICOLAS SABOLY.

Au nom de Dieu soit.

L'an mil six cent septante-un et le jour vingt-trois du mois d'avril, avant midi, du règne du très-chrétien et très-puissant prince Louis du nom quatorzième, par la grâce de Dieu, roi de France et de Navarre, comte de Provence, Forcalquier et terres adjacentes, longuement puisse être triomphant et victorieux.

Pardevant nous notaire royal à Marseille, soussigné, et témoins à la fin nommés, constitué en personne, Messire Nicolas Saboly, prêtre et bénéficier en l'église collégiale Saint-Pierre d'Avignon, natif du lieu de Monteoux, diocèse de Carpentras, dans le Comté de Venessin, fils à feu Jean, vivant bourgeois, et Damoiselle Phelize Meilheure, lequel sain de corps et d'esprit, sans être détenu d'aucune sorte de maladie corporelle, par la grâce de Dieu, étant néanmoins dans les pensées de la mort et du repos de ses successeurs, de son gré, sans contrainte, a fait et ordonné son dernier et valable testament nuncupatif et par icelluy disposé de ses biens et héritage comme s'en suit : et premièrement, comme vrai et fidèle et pieux chrétien, a recommandé son ame à Dieu le créateur, à la glorieuse Vierge Marie et à toute la Cour céleste, élisant la sépulture de son corps dans ladite église Saint-Pierre d'Avignon, et à la tombe qui est au chœur de la dicte église où les prêtres d'icelle s'ensevelissent, remettant l'ordre et entière dilection de ses obsèques et funérailles à son héritière ci-après nommée, conjointement avec Messieurs Robbert (1), capiscol

____

(1) Peut-être Norbert.

et aumonier (1), chanoine de la dicte église, qu'il a choisis pour exécuteurs de ses funérailles.

Et considérant ledit Messire Nicolas Saboly, testateur, qu'il n'y a rien de plus auguste que le Saint Sacrifice des Messes qu'on offre tous les jours à Dieu sur ses autels, dont tous les fidèles en doivent désirer l'augmentation, pour être le plus beau culte divin, servant de propiciatoire pour les vivants et pour les morts, *per modum supragii*, (2) à cette cause, le testateur a fondé et fonde par vertu de son présent testament, deux petites messes *de mortuis* dans la dicte église St-Pierre d'Avignon, pour estre cellebrées l'une le lundi et l'autre le jeudi de chascune semaine à l'autel de Saint-Charles, et ce par les prêtres de la dicte église que bon semblera à Mrs du Chapitre d'icelle, et commencera ladite célébration au plus prochain lundi ou jeudi après son décès et ainsi continuant annuellement, perpétuellement, sans aucune discontinuation; laquelle fondation sera appliquée pour le soulagement de son âme et de ses parents défunts et sera inserée dans le livre de leur sacristie pour servir de mémoire au temps à venir; pour la dotation de laquelle fondation le dict testateur a légué au dict Chapitre de la dicte église, la somme de 600 livres, qui demeurera en capitel au pouvoir de son héritière ci-après nommée, sans pouvoir être contrainte de s'en dessaisir, en payant audit Chapitre la pension d'icelle à raison de cinq pour cent, qui se montent trente livres à la fin de chascune année; le premier paiement leur sera fait une année après son décès, et ainsi continuant à perpetuité. Néanmoins sera permis à sa dite héritière ci-après nommée, se dessaisir dudit capital en un ou deux paiements à son choix, et en ce faisant, les Rds pères dudit Chapitre seront tenus de recevoir et alors (3) son héritière bien et valablement déchargée; et disposant le dict Sr testateur de ses dits biens, lègue et laisse à Isabeau Sevique, sa servante, pour les bons et agréables services qu'elle lui a rendus depuis fort longtemps, la somme de six cents livres, à elle payable par son héritière ci-après nommée, dans deux années après le décès dudit Sieur testateur, en deux payes égales de trois cents livres chascune.

---

(1) Sans doute de Monier ou Eymonier.
(2) Il faut lire *suffragii*.
(3) Sans doute dès alors.

La première se fera une année après son dict décès, et l'autre une année après, avec les intérêts annuellement et en fin d'année, le tout en deniers comptant et sans contredit; et finalement lègue et laisse icelui sieur testateur, à toutes personnes qui pourraient prétendre et demander droit sur son héritage, cinq sols à chascun, à eux payables une seule fois après son décès, les instituants en ce ses heritiers particuliers; et en tout le reste et demeurant de ses biens, droits, actions et héritage, en quoi que ce soit et consistent, meubles, immeubles, dettes, non (1) de dettes, or, argent monnoyé ou non monnoyé présents et à venir, le dit sieur Saboly, testateur susdit, de sa certaine science et propre mouvement, comme il a dit, a fait et institué par ces présentes, son héritière universelle, seule et en le tout, laquelle a de sa propre bouche nommée et appelée, savoir est : Damoiselle Claire Saboly, sa niepce, femme de M. Christophle Chardenas, bourgeois, habitant à Roquemaure en Languedoc, pour en faire, jouir, user et disposer à son plaisir et volonté, la chargeant seulement de faire dire, le jour de son décès ou le plus tôt qu'il se pourra, cent messes *de mortuis* pour le soulagement de son âme. Telle est l'intention dudit **Sr** testateur, lequel déclare que c'est son testament dernier nuncupatif, qu'il veut que vaille par ce moyen ou par droit de codicile, donation à cause de mort, par tout autre moyen que mieux de droit, pour ce (2) valoir et tenir, cassant, révoquant et annulant icelui **Sr** testateur tous les autres testaments, codiciles, donations à cause de mort et autres ordonnances de dernière volonté que par le passé il pourroit avoir faits, voulant qu'ils n'aient aucune valeur, et que seulement ce sien présent testament soit le bon, subsiste et qu'il sorte à son plein et entier effet selon sa forme et teneur, priant et requérant les témoins ci-après nommés d'en être mémoratif, et nous dit notaire royal soussigné, d'en retenir acte, pour servir et valoir à tous qu'il appartiendra, en temps et lieu.

Fait et publié audict Marseille, dans mon étude, pardevant **Srs** Louis Soucheiron, François Reymon dit Merigou, marchand, Jean Baptiste Amoreux, praticien, Antoine Arnaud, André Eustache, **Me** sculpteur d'or, **Srs** Pierre Brachet,

---

(1) Probablement noms, en latin *nomina*, créances.

(2) Sans doute *pourroit* au lieu de pour ce.

bourgeois, Antoine Naudet et Joseph Tiran de cette ville, requis et signés avec ledit Sr testateur; et lesdicts Eustache et Brachet, deux desdits témoins ont dit et affirmé à nous dict notaire que ledict Sieur Saboly, testateur susdict est tel qu'il se nomme, pour le connoistre fort particulièrement, moyennant serment qu'ils ont prêté sur les écritures de nous dict notaire.

Signés : SABOLY, testateur,

ARNAUD, L. SOUCHEIRON, EUSTACHE, BRACHET, AMOREUX, NAUDET et JOSEPH TIRAN.

Et nous Fs JULIEN, Notaire Royal à Marseille.

Signé : JULIEN.

NOTICE SUR SABOLY.

Nicolas Saboly, né à Monteux en 1614, fils de Jean Saboly et de Felise Meliorat de St-Saturnin-lez-Avignon (1), mort à Avignon en 1675 (2), commença ses études chez les Jésuites d'Avignon, et les termina chez ceux de Carpentras. (3) L'université de la première de ces deux villes lui

---

(1) Extrait des registres de l'état civil de la ville de Monteux, délivré par M. A. Seyssau, maire, le 25 juillet 1835.

En remontant au berceau de la famille de Saboly, on trouve dans les actes, vers 1525, Claude Saboly, qualifié pâtre, à Montbrison, aujourd'hui arrondissement de Montélimart, marié vers 1647 à Marguerite Dany (c'est le bisaïeul de notre Saboly;) Raymond Saboly, son grand-père, qualifié de même, né audit Montbrison vers 1548, marié vers 1568 à Catherine Chinard de Monteux, dont le frère Antoine Chinard, chanoine du diocèse de Viviers, était de Monteux, où il avait été vicaire.

Il résulte de divers actes conservés à Monteux, que Raymond Saboly a résidé dans cette ville avec sa femme et qu'ils y ont acheté des *pasquiers* ou herbages, pour paître leurs troupeaux.

Jean Saboly, père de Nicolas Saboly, est qualifié *bourgeois* dans le testament de ce dernier ; il fut consul à Monteux en 1615.

Jean Pierre son fils, frère de l'auteur des Noëls, le fut aussi de 1635 à 1636 et de 1641 à 1642.

Par ce qui précède, on ne sera point surpris de voir Saboly si bien mettre en scène les bergers, dont il avait pu étudier les mœurs dans les traditions et le berceau de sa famille.

Je dois à M. Fréd. Sauve, secrétaire archiviste de la commune de Monteux, tous ces détails généalogiques et biographiques.

(2) Extrait des registres des actes de décès de la paroisse St-Pierre, déposés à la mairie de la ville d'Avignon.

(3) Selon la biographie de Michaud (article Fortia d'Urban). Saboly aurait fait ses classes au collége des Jésuites d'Avignon. Néanmoins, d'après une note que je dois à l'obligeance de M. de Blégier, un Nicolas Saboly, de Monteux, (qu'il est sans doute permis d'identifier avec celui dont il s'agit dans cette notice), figure en 1638 parmi les élèves du collége des Jésuites de Carpentras, où l'on doit présumer que l'auteur des noëls fit du moins une partie de ses études. (*Dictionnaire historique et biobibliographique du département de Vaucluse*, par M. Barjavel.)

accorda le 2 avril 1658 , le grade de bachelier en l'un et l'autre droit, et il obtint à la suite de ce grade, des bénéfices dans les diocèses de Narbonne, de Nimes et d'Uzès. (1) Sa double passion pour la poésie et la musique ne l'empêcha pas d'entrer dans les ordres : disons plutôt que c'était dans le sanctuaire même que la Providence avait marqué sa place , puisqu'il y trouva l'occasion de développer son génie. Après avoir été nommé en 1633 , recteur de la chapellenie de Ste-Marie-Magdeleine, fondée au maître-autel de la cathédrale de St-Siffrein de Carpentras , dont les revenus étaient assez importants , si l'on en juge par un inventaire analysé par le Père Justin, (2) il devint plus tard deuxième bénéficier de l'église de Saint-Pierre d'Avignon, église collégiale dont il fut maître de musique et organiste. Il y acquit une grande réputation, et comme musicien et comme poëte. Saboly a été avec raison surnommé le troubadour du XVIIe siècle : en effet , qui posséda jamais à un si haut degré le don de *troubar* (trouver) ? quelle féconde imagination ne dut-il pas avoir reçue de la nature, pour avoir pu composer quatre-vingt-un Noëls , c'est-à-dire, varier quatre-vingt-une fois le thème de la naissance du Sauveur ! Et ces petits poëmes ne sont pas seulement des hymnes en l'honneur de ce grand événement , mais des scènes vivantes et originales

(1) *Die 2 aprilis 1658. R. P. Nicolaus Saboly, presbiter loci de Montiliis , diœcesis Carpentoractensis , utriusque juris baccalaureatus, obtinuit literas nominationis super beneficia archiepiscopatûs Narbonensis et episcopatuum Nemausensis et Uticensis.*
Epitome privilegiorum graduatorum Universitatis Avenionensis.
(Extrait communiqué par M. Aug. Cathelany ,
sous bibliothécaire de la ville d'Avignon.)
(2) Les détails de son installation se trouvent au fol. 332 du troisième registre des Collations des bénéfices de l'évêché de cette ville. (Voir l'*Echo de Vaucluse* du 25 avril 1841 ; article de M. P. Achard , archiviste du département de Vaucluse.
Inventarium bonorum capellœ Beatœ Mariœ Magdalenœ (Anno confectionis tacetur. Apparet esse de anno 1600). Bona ipsius sunt unum prædium 13 jornalium 2 eminatarum et decem census annuales , satis pingues. (Voir au Musée-Calvet l'Inventaire manuscrit des archives du diocèse de Carpentras dressé par le Père Justin, fol 92).
Inventaire des biens de la chapelle de la B.-Marie-Madeleine vers 1600 , consistant en un fonds de terre de la contenance de 13 journaux, deux éminées, et dix censives annuelles assez grasses.
D'après le susdit registre des Collations des bénéfices , Saboly n'était déjà plus en possession du bénéfice de Ste-Marie-Madeleine, le 20 juin 1634.

où se révèlent, tantôt le gros rire de nos aïeux, tantôt les plus tendres délicatesses du sentiment. Ce sont autant de petits drames naïfs, palpitants de foi antique, dont l'action se noue et se développe à travers l'imprévu ou la fantaisie, pour aboutir au dénouement presque toujours obligé du voyage de Bethléem. Ces noëls, dont la musique étincelle de grâce, sont l'ornement consacré des fêtes de famille de la Noël, et on les chante encore devant les crèches des églises. Une grande connaissance du cœur humain s'y fait remarquer ; ce sont, à chaque pas, des mots heureux, des aperçus piquants, des façons de parler proverbiales dont la sagesse du peuple comtadin s'est enrichie.

On reproche à Saboly quelques anachronismes. Ses bergers, il est vrai, ne sont point drapés à l'antique, et ne portent point le turban des enfants d'Israël : ce sont de bons pèlerins du cru, des pâtres du terroir d'Avignon, en jaquette à la provençale bordée de rose, et en chapeau blanc enrubané, cheminant au son de la musette et du tambourin. Loin de voir en cela de la simplicité, trouvons-y plutôt un parti-pris, de l'adresse même : Saboly aura voulu, par une contemporanéité imaginaire, rendre plus vives nos sympathies pour le berceau du Christ, en reliant notre cité à celle de Bethléem ; ou bien encore, peut-il avoir eu l'idée de confondre l'événement avec sa commémoration annuelle. Quant à moi, n'en déplaise à la critique, je serais bien fâché de ne point voir partir les caravanes de pèlerins, soit de la porte Saint-Lazare, soit de quelque autre quartier à moi connu de notre Avignon. Il m'est bien plus facile de me joindre ainsi à la joyeuse *brégade*, porteuse de *fougasse* et de *nougat*.

Au dire de la tradition, Saboly était d'un commerce très-agréable : joyeux convive, hôte charmant, il mettait en pratique le précepte d'Horace : *Carpe diem*. Sa maison, d'une simplicité antique, mais embellie par la présence de deux muses, était le rendez-vous des littérateurs et des artistes. Les chanoines de Saint-Pierre surtout, pour qui le poëte-musicien avait des prévenances délicates, ne faisaient point défaut à ses soirées d'hiver, où les attendait toujours un beau feu bien clair, et souvent une bonne bouteille de Châteauneuf. Le chantre de la Nativité, on n'en peut douter, était généreux, désintéressé, charitable ; son âtre ne fumait guères pour lui seul; il aimait à rompre le pain de l'hospipalité, et ce n'était pas à la Noël seulement qu'il réservait la part du bon Dieu. (1) Sans cela, aurait-il eu des rimes si énergiques contre le mauvais riche ? Sans cela, n'eût-il laissé qu'une succession répudiable ? Son âme d'artiste était pleine des élans les plus passionnés pour la vertu. Sa muse s'émut toujours, quand un acte de courage, de charité chrétienne ou de patriotisme, s'accomplit sous ses yeux. Plusieurs de ses noëls nous ont transmis, entouré d'une éclatante auréole, le nom du vice-légat Lomellini (2), qui fut assez heureux pour réparer le désordre de la cité, suite des divisions intestines, par des règlements très utiles et durables, ayant pour bases la justice et la prudence. Saboly lui prédit de grandes récompenses de la part du Saint-Père, qu'il appelle *un ange de bonté*; un de ses noëls encore célèbre la charité courageuse du vice-légat d'Anguisciola (3) et de l'archevêque Libelli (4), qui payèrent de leur personne ou de leur bourse durant une grande inondation du Rhône.

Et lorsque sa plume décernait la louange, comme elle n'obéissait qu'à un pur et libre mouvement du cœur, elle aimait à se voiler : c'est ainsi qu'il publia sous l'anonyme, en l'honneur du marquis de Saint-Auban, *Les Acclamations publiques de la ville de Montélimart, sur la protection et les services qu'il leur a rendus durant l'oppression des gens de guerre.* (5) En sorte que ce brave gentilhomme dut se mettre en quête du modeste poëte, afin de pouvoir lui témoigner sa reconnaissance.

Saboly, comme une partie de la population avignonaise de son époque, portait un cœur sympathique à la France (6).

---

(1) Autrefois, le jour de Noël, les pauvres demandaient la part du bon Dieu.

« Le jour de Noël, on invitait un pauvre à dîner avec la famille. Les malades de l'Hostel-Dieu n'estoient pas oubliés ; les dames de qualité et les bourgeoises se piquoient par une sainte émulation, de leur fournir, durant tout le temps des sacrées couches de la Sainte Vierge, le gibier, la volaille, et tous les agréments convenables. » (De Cambis-Velleron, *Annales d'Avignon.*)

(2) Vice-légat d'Avignon, de 1665 à 1670.

(3) Vice-légat d'Avignon, de 1673 à 1676.

(4) Archevêque d'Avignon, du 30 mai au 20 juillet 1673.

(5) Manuscrit brouillon de Saboly. (Bibliothèque de Carpentras.)

(6) Toute la noblesse avignonaise servait alors dans les armées de Louis XIV.

Deux de ses noëls d'ailleurs, l'un où il célèbre le séjour du grand roi à Avignon, en 1660 (1), et l'autre où il appelle les bénédictions du ciel sur les armes françaises lors de l'expédition de Hollande, témoignent de ces sentiments.

A l'exemple de son contemporain Molière, un ridicule à flageller était pour lui une bonne fortune. Ainsi, il a immortalisé d'un calembour à deux pointes le nom de

---

(1) Le 19 mars 1660, sur la nouvelle que le roi, qui se rendait au-devant de l'infante Marie-Thérèse, était parti d'Arles pour Avignon, le vice-légat Gaspard de Lascaris, le viguier J. F. de Cambis de Serviè-res, le premier consul Fogasse de Labastie et ses collègues, suivis d'un grand nombre de citoyens notables, se portèrent à sa rencontre jusqu'à la Durance. Louis XIV, en carosse avec son frère le duc d'Orléans, précédé de ses mousquetaires et suivi par les cavaliers de sa garde, fit son entrée dans la ville par la porte St-Lazare, où il fut harangué, et où Mademoiselle de Védène, belle enfant de neuf ans, représentant la ville d'Avignon, en nymphe à robe d'argent, lui présenta les clefs de la ville. Dans tout le trajet qu'il fit pour parvenir au palais apostolique, où il occupa l'appartement dit de la Mirande, les rues étaient sablées et les maisons tapissées. Une foule innombrable se pressait sur son passage, malgré une pluie battante, et remplissait l'air de ses acclamations. A son arrivée sur la place du Palais, il fut salué par toute l'artillerie placée sur le Rocher. Une demi-heure après, il fut rejoint par le cardinal Mazarin (ancien vice-légat d'Avignon), à qui le Lascaris céda son appartement. La reine-mère, de retour d'Apt, où elle était allée visiter les reliques de Ste Anne, arriva ensuite et descendit à l'archevêché, magnifiquement préparé pour elle et le duc d'Orléans, par l'archevêque Marini. Le lendemain, les magistrats de la ville offrirent au roi (suivant la coutume observée à l'égard des rois très-chrétiens, la première fois qu'ils passaient par Avignon), 200 médailles d'or, présentant d'un côté son effigie, et de l'autre la ville avec le pont. La reine et le cardinal reçurent les présents d'usage, de cire blanche et de confitures. Le dimanche des Rameaux, le roi assista à la procession sur la plate-forme de la métropole. Le Jeudi saint, il lava les pieds à treize pauvres. La reine lava les pieds à treize demoiselles à l'archevêché. Le jour de Pâques, le roi entendit la messe dans l'église des Pères-Mineurs, et y communia. Il toucha 800 scrofuleux dans le cloître de ces religieux. Par ordre de S. M., tous les prisonniers furent rendus à la liberté. Le roi se livra ensuite à quelques délassements, tels que la promenade au bord du Rhône et le jeu de balle. Il fit manœuvrer ses mousquetaires devant le palais de l'archevêché. Louis XIV partit pour le Languedoc le 1er avril, après avoir séjourné 11 jours dans Avignon. Mademoiselle d'Orléans, arrivée à Avignon sept jours avant le roi, voulut descendre à l'hôtel Crillon, de préférence au palais apostolique, qui lui était offert par le vice-légat. (Fantoni-Castrucci, *Istoria della citta d'Avignone et del Contado-Venesino.* T. 1er, pag. 477. — *Manuscrit de Teissier.*)

D'après une tradition locale, le pont de St-Benezet, sur lequel passa Louis XIV à son départ d'Avignon, aurait été décoré, dans toute sa longueur, de tentures de velours, et ce serait ce jour-là qu'il aurait conçu la pensée d'importer à Lyon l'industrie avignonaise.

Cadenière : ce monsieur, épris d'une demoiselle noble, avait le malheur d'avoir les mains contrefaites et d'être né sans particule ; ne pouvant rien au premier défaut, il essaya de remédier à l'autre, en réparant les torts du hasard ; la précaution ne lui servit pas, et l'amoureux fut éconduit. Saboly fit à cette occasion le couplet suivant, si connu dans Avignon :

> Nosté paouré ca,
> Cadénièro, *qu'a dé nièro* ;
> Nosté paouré ca, *qu'a dé nièro*
> Su lou na,
> Sé grato, sé freto, et n'en poou gis avé,
> Parço qué n'a gis de dé.

> Notre pauvre chat,
> O Cadenière ! qui a des puces ;
> Notre pauvre chat
> Qui a des puces sur le nez,
> Se gratte, se frotte, et n'en peut attraper,
> Parce qu'il n'a point de *doigts*. (1)

Homme aux franches allures, au caractère indépendant, Saboly fréquentait peu le grand monde (2) ; ses deux muses, à l'envi l'une de l'autre, employaient toutes leurs séductious pour le retenir dans leur doux commerce. Pourtant le lévite-musicien ne laissait pas quelquefois de rafraichir son rabat et de se draper du mantelet de visite. A son exemple, sa muse échangeait alors la cornette et les basques de Provençale pour la coiffure à la Lavallière et la robe de soie ornée de saphirs ; elle se faisait Française en un mot, afin d'être mieux reçue de ses nobles hôtes. Sous ses nouveaux habits, elle continuera d'être agréable et spirituelle,

---

(1) Dans ce couplet, le poëte joue sur le nom de *Cadenière,* qui, par la répétition de la première syllabe CA, signifie en provençal, *chat qui a des puces*, et aussi sur le mot DÉ, signifiant à la fois *doigts* et la particule *de.*

(2) Tu sais qu'on parle par les yeux,
Lorsque la langue est interdite ;
Et bien plus on voit que les doigts
Dans Avignon à notre ermite
Lui servent de langue et de voix.
(*Épitre à un ami. Manuscrit autographe de Saboly*, déjà cité — On y trouve des brouillons de ses noëls.)

mais quelque dame du bel air remarquera peut-être de l'incorrection dans sa toilette, lui trouvera le verbe un peu haut et la démarche dégingandée : c'est que la pétulante Provençale s'est trahie ; disons-le, c'est qu'elle s'est fait souvent regretter.

Les inspirations de la muse ainsi déguisée sont assez nombreuses : on remarque, entre autres, une *Élégie sur la profession de Madame de Clermont ; l'Épitaphe de M. Chrétien, régent de la faculté de médecine d'Avignon* (1) ; *l'Épithalame de Mademoiselle de Bouqueiran*.

---

(1) Dans le XIIIe siècle, il s'était formé à Avignon une académie de droit qui devint fameuse par le talent de ses professeurs, au nombre desquels fut le célèbre P. de Bellapertica, qui, en 1301, abandonna sa chaire de Toulouse pour venir enseigner la jurisprudence à Avignon, où il attira un grand concours d'étrangers.

La ville d'Avignon, frappée des avantages qu'elle pourrait retirer d'une *étude générale* qui serait approuvée par son souverain et par le pape, délibéra avec cette académie sur les moyens à prendre pour atteindre ce but : en conséquence, Bertrand de Monteil et Bernard de Valonne furent députés auprès de Charles II, roi de Naples, comte de Provence et souverain d'Avignon, pour le prier d'ériger cette académie en université. Ce roi protecteur des lettres se rendit aux vœux de la ville d'Avignon, en autorisant cette institution par ses lettres patentes du 5 mai 1303.

Le Souverain Pontife Boniface VIII confirma le titre d'Université donné à cette académie, et lui accorda divers priviléges par sa bulle du 1er juillet de la même année.

L'université, lors de sa création, ne fut composée que de trois facultés : celles des droits canon et civil, de médecine et des arts libéraux. Le pape Jean XXII fonda la faculté de théologie. Il voulut que ces quatre facultés ne fissent qu'un seul corps sous la direction d'un chef ayant le titre de Primicier. Il fit venir de Padoue le célèbre jurisconsulte Oldrade, dont la réputation attira tant d'étudiants à Avignon, que l'autorité fut obligée d'intervenir pour la fixation des prix de loyer des appartements.

Le cardinal Napoléon des Ursins interdit l'université de Bologne pour favoriser celle d'Avignon, qui se plaça au rang *des fameuses du royaume de France*, c'est-à-dire, de celles dont les grades procuraient, entre autres priviléges, le droit à la nomination aux bénéfices ; ce titre lui fut confirmé dans la suite par Louis XIV, nonobstant l'opposition de l'université d'Aix, après avoir entendu Antoine-François Payen, comte aux lois, ambassadeur de l'université d'Avignon. Le primicériat était un titre primordial et constitutif de noblesse transmissible aux descendants.

Pie VI, par son bref du 22 avril 1788, exigea deux élections distinctes et non consécutives, ou bien celles du père et du fils, ou autre descendant en ligne directe, pour que la charge de primicier eût cet effet.

Le primicier était annuel et à la nomination des docteurs. Il exerçait une grande influence dans l'administration municipale. Sa présence

un hommage dithyrambique et badin *aux vertueuses et belles dames de Tullins, Mesdames de Polémieux, La Tivolière, Du Gade, Laferrière* et *De Béranger.*

Pour donner une idée des poésies françaises de Saboly, je me bornerai à citer une strophe de cette dernière pièce, qu'on trouve dans le manuscrit de la bibliothèque de Carpentras. Elle n'y est qu'à l'état d'essai, comme la plupart des poésies qu'il renferme :

> Tous ces funèbres vêtements
> Vous sont comme des ornements
> Plus avantageux que nuisibles ;
> Croyant que vous savez assez
> Que les anges sont invisibles,
> Ainsi que vous le paraissez. (1)

Ainsi, son double titre de poëte et de musicien le faisait rechercher du monde élégant et lettré de son époque ; fêté

était indispensable dans les délibérations du conseil ; il donnait son avis avant le clergé et la noblesse, seul de tous les délibérants, assis dans un fauteuil au milieu de la salle. Il était juge en première instance, tant au civil qu'au criminel, des docteurs, licenciés, bacheliers, suppôts et écoliers de l'université. Dans les cérémonies publiques, il marchait à la droite du vice-légat et à la tête de la Rote, précédé d'un massier portant une masse d'argent.

Parmi les grands personnages qui ont été primiciers de l'université avignonaise, on remarque le cardinal de la Rovère, Suarez, évêque de Vaison, préfet de la bibliothèque du Vatican, Louis Poulle, abbé de Nogent, prédicateur du roi.

On cite parmi les professeurs, dont plusieurs recevaient jusqu'à 200 écus d'or d'honoraires par an, Oldrade del Ponte, précepteur de Barthole, le poëte François Pétrarque, Gilles de Bellamera, Paul de Castro, Sannazar, André Alciat, dont le disciple, François Alciat, reçut docteur saint Charles Borromée à Pavie, le célèbre Jacques Cujas, Guillaume Grimoard, depuis Souverain Pontife sous le nom d'Urbain V, sixième pape d'Avignon.

Le cardinal de Saluces, le pape Innocent IX, avaient pris leurs grades à Avignon.

Le siége de l'université d'Avignon, ainsi que *les classes*, était situé dans la rue connue aujourd'hui sous le nom de *Rue des Études.* Le sceau de cette université représentait un chérubin à huit aîles, entourée de la légende suivante : *Insignia almæ Universitatis generalis studii Avenionis.* Elle fut abolie en 1790 par la Révolution, sous le primicier Joseph-Auguste Teste, après cinq siècles environ d'existence. (*Manuscrit* intitulé : *Université d'Avignon*, donné au Musée-Calvet par M. Tempier, conseiller de préfecture. — *Collection des sceaux du Musée-Calvet.*)

(1) Il s'adressait probablement à des religieuses.

et choyé partout, on peut lui appliquer les vers d'Hyacin-
the Morel :

> Enfan gasta, din lei ripayou,
> Yé servien lei miyour moucéou :
> Dei lévadoun avié la gayou,
> Et lou rabi dei lapéréou.

> Enfant gâté, dans les ripailles,
> On lui donnait les meilleurs morceaux ;
> De la fressure on lui servait le ris,
> Et la râble des lapereaux.

On jugera des distinctions dont il était l'objet par le
cadeau qu'une religieuse, Madame de Chastelier, lui fit de
son portrait peint par elle-même, renfermé dans une lettre
qui lui fut remise par le R. P. Sauzin (1). Il semble que

---

(1) Lettre de remerciement de Saboly du 7 juillet 1655 à Madame
de Chastelier au sujet du don de son portrait. Dans la même lettre, il
demande à cette dame des prières au bienheureux Pierre-de-Luxem-
bourg, auquel il sait qu'elle a une grande dévotion, pour un objet très-
important au repos de sa vie : la conversion d'un père, d'une mère, et
de deux frères qu'il a dans l'hérésie. (*Manuscrit de Saboly.*)
Cette demande de prières ne peut s'appliquer sans anachronisme au
père et à la mère de Nicolas Saboly, attendu que, d'après les actes de
l'état civil de Monteux, Nicolas Saboly, né le 30 janvier 1614, n'était
âgé que de cinq ans lors du décès de son père Jean Saboly, qui eut lieu
le 15 août 1619, et que, d'un autre côté, sa mère était morte en 1648,
c'est-à-dire sept ans avant la date de la lettre dont il s'agit ici. Une
pareille demande ne pouvant se rapporter ni à son père ni à sa mère,
ne peut dès lors être applicable à ses frères, mais très-bien à quelque
autre famille qui lui était chère.
Si l'impossibilité de rapporter à sa propre famille la demande de
prières, éveillait dans l'esprit du lecteur quelque doute sur l'authenti-
cité de la lettre de Saboly à Mme de Chastelier, je ferais observer que
cette lettre mentionne Mme de Monteiller, amie de cette religieuse et
que dans une autre lettre du 12 mai de la même année, qu'il adresse
à un de ses amis désigné par le prénom d'Adolphe et qui m'a paru être
de la même main, aussi bien que le reste du manuscrit, il se dit malheureux de n'avoir pu envoyer aux dernières festes de Noël, à cette
dame de Monteiller quelques noëls réglés aux airs prescrits par elle.
(Voir la note page 19.) Par conséquent celui qui a écrit la lettre à Mme
de Chastelier est bien un poëte-musicien, auteur de Noëls : ajoutons
que l'écrivain du manuscrit y parle de son orgue qu'il touche à Avignon, où il réside (Voir la note 2 page 14) et y fait mention de Folard,
sans doute le chanoine Folard, de Nîmes, qu'on sait d'ailleurs avoir
été son ami.
Je répéterai ici que ce manuscrit renferme des brouillons de Noëls
attribués à Saboly « plusieurs (de ces Noëls) ne sont pas achevés, a dit
M. Seguin dans son introduction, mais on y reconnait toujours la touche du maître. Un seul a vu le jour : c'est le N° 64 : *Guihaume, Toni,*

tant de marques d'estime, que tant d'honneurs rendus à
notre Saboly, auraient dû lui faire une existence parfaite-
ment heureuse, et qui ne le cédât en rien à celle de ses
devanciers du moyen âge : eh bien ! ce serait une grande
erreur de le croire ! Comme à tout mortel foulant la terre,
son bonheur était loin d'être parfait ; car un désir insa-
tisfait d'ambition s'agitait dans son cœur, et une teinte de
mélancolie se mêlait ainsi à toutes ses joies. Saboly voulait
être chanoine de Saint-Pierre, et le chapitre, dont il solli-
citait les suffrages à chaque vacance, violant les promesses
individuelles, refusait toujours de le recevoir dans son sein.
Quel motif assigner à une pareille obstination ? La tradition
va répondre. Saboly, se disaient les membres du chapitre,
est pour nous un hôte au souriant visage, chez qui nous
sommes sûrs de trouver, tous les soirs, en hiver, bon feu,
bon vin, et de l'esprit à notre dévotion ; mais si, par malheur, nous élevons quelque jour à notre hauteur le candi-
dat obséquieux, c'en est fait de nos priviléges. Qui sait même
si l'ingrat n'aiguisera pas des épigrammes contre nous ? La
tradition ajoute que le poëte se vengea de leur oubli de la
façon la plus originale. Le poëme du *Souper de Saboly* dira
la chose au lecteur. Félicitons notre auteur de ce mécompte,
et félicitons-nous-en nous-mêmes, car la stalle de chanoine
n'eût pas manqué d'être pour lui ce qu'on dit du fauteuil
d'académicien. Ainsi donc, ce que la nature l'avait fait, il
le demeura toute sa vie : le chantre de la Nativité ; et ce qui
dut le consoler, c'est que ses noëls furent si goûtés de son

Peirc,.... on l'a joint à l'édition de 1704, moins la dernière strophe
que nous avons rétablie dans notre édition. »

L'adjonction de ce Noël à l'édition de 1704 est une très forte pré-
somption en faveur de l'opinion qui reconnaît Saboly comme auteur du
manuscrit. Je ne pense pas qu'on puisse tirer une objection sérieuse
contre cette attribution de ce qu'il contient une lettre de Saboly à M. le
marquis de St-Auban, dans laquelle il dit avoir reçu *l'honneur de sa
naissance* à Montélimart, tandis qu'il est de Monteux, attendu qu'il
était originaire de Montbrison, petit village voisin de cette ville, dans
l'arrondissement duquel il est situé. (Voir la note 1 page 9.)

Je terminerai en citant une autorité : celle de feu le savant biblio-
phile M. Richard d'Avignon, qui a jugé que ce manuscrit était *incon-
testablement de Saboly*, ainsi qu'il résulte d'une note écrite de sa main
sur une feuille détachée, insérée dans ledit manuscrit, que j'ai vue
moi-même en 1848 et qui ne s'y retrouve plus aujourd'hui ; mais dont
M. le Dr Barjavel de Carpentras nous a heureusement conservé le
texte dans son excellent Dictionnaire.

temps (1) qu'on les chanta dans toute la France , dit Achard
dans son Dictionnaire de la Provence ; et Fortia d'Urban ,
dans la Biographie Michaud , n'a point exagéré le mérite de
leur auteur , en avançant que ces hymnes , qui respirent
une naïveté touchante et quelquefois sublime , font encore
les délices de nos contrées méridionales , et même des gens
de goût. Moi-même , j'en ai entendu jouer les airs sur l'orgue , dans plusieurs églises de Paris.

Saboly a un article très-détaillé dans le Dictionnaire historique et bibliographique du département de Vaucluse par
M. Barjavel. Il est cité avec distinction dans les Essais sur la
langue et la littérature provençale, par Millin, 1808, in-8° ;
dans l'Histoire littéraire , philologique et bibliographique
des patois , par Pierquin de Gembloux, Paris, 1841, in-8° ;
dans le Tableau historique et littéraire de la langue parlée
dans le midi de la France , par Mary-Lafon , Paris , 1842.

Les idiomes du midi ont eu , dans ces derniers temps , de
chauds partisans dans les hautes régions de la littérature.
De cette pléiade où figuraient les Raynouard , les Nodier ,
les Fauriel, les Augustin Thierry, il reste encore MM. Ville-
main , Sainte-Beuve , Saint-René-Taillandier.

Il y a quelques années , pendant mon premier séjour à
Paris , m'ayant été donné de prêter le secours de mes yeux
et de ma plume au célèbre auteur des *Temps Mérovingiens*,
l'idée me vint de lui faire connaître notre Saboly. M. Augustin Thierry habitait alors une confortable retraite dans
la cité Delorme. C'était par une belle soirée d'hiver , aux
approches de Noël ; le ciel à demi étoilé rappelait un peu
les nuits de la Provence. Franchissant à pied la longue dis-
tance qui sépare le faubourg Saint-Germain du faubourg
du Roule , j'étais heureux d'avoir atteint la rue de Rivoli ,
où je pouvais , à l'abri du verglas , réfléchir aux moyens
d'introduire le modeste troubadour auprès de M. Thierry.
Mais comment tromper la muse de l'histoire , dont je vou-
lais interrompre les inspirations ? Après avoir formé une
foule de plans , je finis par les abandonner tous , décidé à

(1) « .... Je me trouvai si malheureux lorsque Madame de Monteiller
me fit l'honneur de me commander de lui envoyer quelques noëls à
ces dernières festes de Noel , qu'ayant reçu sa lettre trop tard , je lui
envoyai d'autres vers sur le même subject , sans les régler aux airs
qu'elle m'avait prescrits. » (*Lettre à Adolphe. Manuscrit de Saboly.*)

m'en remettre au hasard, si souvent plus ingénieux que nous. Je me mis donc à rêver, chose plus facile : de succès littéraires ? non ; mais qu'on le pardonne à un Provençal, je rêvai de *Calendau* et de *Cachafió*.

Je remontai le cours des temps, et je m'introduisis dans une de ces maisons patriarcales où l'on célébrait la veille de Noël avec tout le cérémonial traditionnel. Je contemplais la table splendidement éclairée, luxuriante de mets et de friandises, du milieu desquels se détachait le *calendau* (1), immense pain formé de deux pains superposés, surmonté d'une branche de petit houx à fruits rouges, ornée de faveurs faites avec la moëlle du jonc de marais. J'étais témoin de la joie bruyante des enfants ayant, ce jour-là, carte blanche à table. (Aussi l'ont-ils nommé *le jour où l'on mange tant.*) J'assistais à la procession du *cachafió* (bûche de Noël), porté dans toute la maison par le plus âgé et le plus jeune des convives, symbole de l'année qui finit et de celle qui commence. (2) Toute la famille, précédée de son chef et suivie des domestiques, défilait sous mes yeux en chantant. L'énorme bûche déposée sur l'âtre, où elle devait durer jusqu'au jour de l'an, je voyais le père de famille, les épaules drapées d'une serviette, s'avancer avec solennité vers le *cachafió*, et répandre du vin dessus en forme de croix, en disant : *Au nom dau Père, et dau Fils, et dau Sant Esperit.* Après l'invocation, il y mettait le feu, et versait à boire à tous les assistants. J'attendais avec autant d'impatience qu'eux de voir s'enflammer la bûche bénite et tomber la première braise, qui, portée sur la table, devait en respecter la nappe.

---

(1) *Panes calendarii, qui in calendis offeruntur.* (*Durandus lib.* 4. *Ration. cap.* 30. *n.* 40.) *In nonnullis locis, parrochiani in die natalis Domini offerunt sacerdotibus panes quos calendarios vocant, propter illud quod legitur Levit.* 22 : *Offeretis panes duos sacerdoti, qui cedunt in usum ejus, et vocabitis hunc diem celeberrimum atque sanctissimum, etc.* (*Tabularium prioratus de Domina in Delphinatu,* fol. 102.) (*Dictionnaire de Ducange,* verbo, *Panes calendarii*).

Kalendæ anni initium vel primus dies. (*Ibid,* verbo *Kalendæ.*)

Ce qui a fait appeler Noël le jour des calendes, c'est que, dans le moyen âge, et surtout dans le midi, l'année commençait à Noël, *anno a Nativitate Domini.* On datait aussi de l'Incarnation, *ab Incarnatione,* mais moins fréquemment. (N. de Wailly, *Eléments de Paléographie.*)

(2) On conservait toute l'année du charbon du *cachafió,* qu'on faisait entrer dans la composition de plusieurs remèdes. Une portion du *calendaou* était employée au même usage. (De Cambis Velleron. *Annales d'Avignon,* Ms. du Musée-Calvet.)

Ce tableau, reproduit par mon imagination, acquiert peu à peu une telle réalité pour moi, que, prenant part à la fête de famille, je répète moi-même à haute voix le chant consacré de la cérémonie du *cachafió* :

> **Alégré, Dieu nous alégré,**
> **Cachafuec ven !**
> **Diou nous fasse la graci de veire l'an qué vén....**

Arrivé là, ma mémoire me fait défaut, et le tableau s'évanouit. C'est en vain que je la sollicite par la fréquente répétition du troisième vers... Tout à coup une voix se fait entendre qui me souffle le quatrième, en le modulant avec un accent irréprochable :

> **Sé sian pas maï, qué fuguen pas mèn !**

J'en suis saisi d'aise ; l'illusion revient, et me voilà encore l'hôte de l'antique famille avignonaise. Cependant mon rêve ne peut être de longue durée, et, me retournant brusquement, j'avise une barbe à la Rembrandt, un nez aquilin, des yeux scintillants comme deux étoiles du ciel de Provence, le tout couronné d'un chapeau à la.... Castil-Blaze ! c'était lui-même. Alors on devine ce qui m'arriva : j'oubliai mon rendez-vous. Que n'oublierait-on pas dans une conversation si fourmillante d'anecdotes inédites, plus piquantes les unes que les autres, extraites de l'*Histoire du grand Opéra*, à laquelle l'auteur travaillait depuis 30 ans, et où le narrateur, comme un vieux brave, vous disait : J'étais là, j'ai vu, j'ai entendu ! Cependant le faubourg du Roule me revient en idée, mais un peu tard, car tout en écoutant, j'avais fait fausse route, et je me trouvai, sans m'en douter, rue de Buffaut, chez mon spirituel causeur. Je prends aussitôt congé de lui, et je m'achemine à grands pas vers la cité Delorme. Comme on le pense bien, l'heure était passée. M. Thierry, inquiet d'un retard inaccoutumé, me demande avec intérêt si j'ai fait quelque chute. Un beau moyen m'était ainsi offert pour excuser ma négligence ; je n'ai garde de l'accepter : j'avais, comme on sait, mon idée fixe. En conséquence, je m'empresse de le rassurer. Il ne m'est rien arrivé, lui dis-je, sinon de heurter contre un homme d'esprit venu au secours de ma mémoire. Et de suite de raconter mon aventure. De là à Saboly, il n'y avait qu'un mot, et

du mot au recueil de noëls que je tenais déjà dans la main ,
une transition inappréciable. Vite je lui propose de lui en
dire quelques-uns; la chose était de circonstance; il s'y prête
de la meilleure grâce du monde. J'entonne successivement :
Dieou nous gard nosté mestré..., *Hoou dé l'houstaou...*,
Ture, lure, lure..., *Per noun langui...*, *Mé siéou pléga.* La
patience de M. Thierry à m'écouter me surprend autant
qu'elle me ravit : c'est que notre Saboly comptait un succès
de plus ! Ainsi je me trouve doublement heureux , et de
l'avoir fait goûter au grand historien , et de m'être consolé
ainsi de la famille absente.

Il m'avait écouté en effet avec la plus religieuse attention.
Quelques observations philologiques me le prouvèrent. Puis,
relevant sa belle tète et la tournant vers moi : « Ces noëls ,
me dit-il, sont d'une touchante simplicité. Que ces mélodies
ont de grâce et de fraîcheur! On n'a entendu cela nulle part.»
Ceux de *Hoou dé l'houstaou* et *Per noun langui*, obtinrent
le plus de faveur auprès de lui : c'est que , dans les âmes
qui souffrent, la fibre du sentiment vibre toujours , et que
toujours la plainte y trouve de l'écho. (1)

Après cette disgression , que je prie le lecteur de me par-
donner , je reviens à mon sujet.

Saboly mourut à Avignon en 1675 , et fut inhumé avec
honneur *honorificè* dans l'église de Saint-Pierre. — Voici
une note historique sur son épitaphe , que j'emprunte au
Recueil manuscrit de l'abbé S. R. Deveras, chanoine de
Saint-Pierre , de l'année 1750 , page 82 (Musée-Calvet.)

Dans le chœur de cette église est enseveli R. P. Messire

---

(1) C'est dans une de nos séances, en 1845 , pendant qu'il me dic-
tait son *Essai sur l'histoire de la formation et des progrès du tiers-état*;
que, profitant d'un moment favorable, je fis à la plume, en quelques
traits rapides, le portrait de l'illustre historien dans l'attitude de la
méditation ; cet humble croquis qu'on trouva très ressemblant figurait
depuis 1847 , dans ma petite collection artistique à Avignon, comme
une précieuse relique , lorsqu'en 1862 , il eut une fortune tout-à-fait
inespérée : M. Amédée Thierry , membre de l'Institut et sénateur, qui
en avait entendu parler, me fit l'honneur de m'en demander la commu-
nication , pour être un des éléments du buste en marbre de son frère,
qui , par l'ordre du gouvernement devait prendre place dans les gale-
ries de Versailles , et dont l'exécution fut confiée à M. Iselin , statuaire
distingué.

Une eau forte de ce portrait , gravée par M. Hédouin , figurera dans
mon Recueil de poésies provençales, à l'occasion de mon Epitre à M. Augustin Thierry et en souvenir des encouragements dont il m'honora.

Nicolas Saboly, prêtre, bénéficier, sous-diacre et maître de musique de notre Chapitre, poète provençal des plus renommés de son siècle, auteur d'un grand nombre de Noëls dont on a fait une infinité d'éditions, et qui sont toujours reçus du public avec un nouveau goût. Il mourut le 23 juillet 1673, âgé de 61 ans, il était natif de Monteux dans le Comtat-Venaissin, diocèse de Carpentras (1). Il avait trois nièces, filles de son frère J.-Pierre Saboly : Anne, mariée à Simon Lioutard, au terroir d'Avignon ; Philise, mariée à François Garcin, de Sarrians, (2) et Claire, mariée à Chardenas, de Roquemaure. (3) Cette dernière, dont il existe encore des descendants audit Roquemaure, fut l'héritière de Nicolas Saboly ; mais elle jugea à propos de répudier l'héritage, ce qui prouve que son oncle mourut pauvre, c'est-à-dire, en poëte du grand siècle.

Les plus anciennes éditions des Noëls de Saboly sont : l'édition originale intitulée : *Lei Noué dé san Pierré, en Avignon*, chez Pierre Offray, composée de six recueils publiés en 1669, 1670, 1671, 1672, 1673, 1674, sans nom d'auteur ; (il en existe un exemplaire à la bibliothèque de l'Arsenal à Paris, provenant de la bibliothèque la Vallière) (4) ; celles de 1699 (Avignon, Chastel) de 1737 et 1763. (Avignon, Domergue.)

---

(1) G^me Fanton et Joachim Levieux, médecins, le soignèrent dans sa dernière maladie. Ant^ne Sauvage était son chirurgien ; Morelly était son apothicaire. (Note de M. Fréd. Sauve, secrét. arch. de la commune de Monteux).

(2) Anne Marguerite de Garcin, de Sarrians, fille de Philise nièce de Saboly, épousa, en 1692, Claude-Gaspard Bastide, chirurg. d'Avignon (c'est M. Fred. Sauve, déjà cité, qui m'a signalé ce mariage), trisaïeul de M. Eugène Bastide, l'un des premiers avocats du barreau de cette ville. Cette alliance explique la conservation dans la famille Bastide, du recueil manuscrit des Noëls de Saboly, avec les airs notés, dont l'auteur est Joseph Bastide, chirurgien, cousul de ladite ville en 1751, bisaïeul de M. Eugène Bastide. Cet inappréciable document fut signalé par notre facétieux poëte Cassan à M. Seguin, qui a puisé à cette source pure, les airs notés des Noëls de Nicolas Saboly, pour son édition de 1856, dont j'ai déjà parlé dans mon avant-propos.

(3) *Archives de la maison du Laurens*, n° 4803. .

(4) La bibliothèque du duc de la Vallière était, comme on sait, tenue par l'abbé Rives, savant bibliographe, auquel nos contrées s'honorent d'avoir donné le jour. Vers 1780, cette bibliothèque s'enrichit d'un grand nombre de volumes choisis dans ceux du marquis de Calvière, modeste érudit dont Calvet nous a conservé la correspondance. *(Note de M. P. Achard.)*

Je suis heureux de pouvoir donner ici une copie textuelle d'un Noël inédit de Saboly, dont j'ai religieusement respecté l'orthographe; il se trouve dans la collection d'autographes léguée au Musée Calvet par M. Requien et m'a été communiqué par M. Aug. Deloye, conservateur de cet établissement. Il est de la même écriture que le manuscrit de Carpentras, et M. Requien n'a pas hésité à l'attribuer à Saboly, comme l'indique le nom de *Saboly*, qu'il a écrit au crayon, au bas de la feuille manuscrite.

SI NARCISSE EUST AYMÉ LE VIN.

De matin, per aques cartie,
Quauqueys houres davant matine,
Aven ousi l'ayguardentie (1)
Que disie plus : *Ayguarden fine.*
May que cridave, comme un sour,
Qu'a miege nuech ere grand jour.

Ere vray comme lou disié :
S'es jamay vis tale aventure;
Dins aqueou temps chascun vesié
Un desordre dins la nature.
Aguessias dict que lou souleou
Voulie gin veyre de caleou. (2)

Un homé, que sau resouna
E qu'a toujour passa per sage,
Diguét : *Fau que Diou siegue na.*
Aqueou meritave un Eymage;
Car jamay home parlet miou
Dey veritas de nostre Diou.

Dins aqueou benhura moument
La Vierge ere dins un estable,
Qu'enfantave sence tourment
Nostre Redemptour adorable.
N'a qu'un estable per palay,
Per courtisans lou biou et l'ay.

Ley bestiey mesme en aqueou lio
Sont toutey plenes d'alegresse.
Tandis que l'ase fay : *hiho,*
Lou biou lou lippe e lou caresse.
Canten donc toutey a souhè :
Nouë, Noë, Noë, Noë.

---

(1) Marchand d'aygarden, c'est-à-dire d'eau-de-vie.
(2) Petite lampe de forme antique, encore usitée en Provence.

Fac-simile d'un Noël autographe
de NICOLAS SABOLY

i Narcisse eut aymé le vin

De matin per aquey l'autrie
quauquey hourey d'anant matine
A nen Buf l'ay quandentie
Que disie ply aygueanden fine
Moy que cridave comme un four
Qua miege nuech ere grand jour

Ere vray comme lou dispe
ley jamay vis tale aventure
diny aqueou benyy chafcun vepe
Un dependre diny la nature
Chacun quanté bea refounat
Dequel freist que dien ieque nat
Aguessias dict que lou fouleou
Voulie gin vey de Caleou

Un home qué fen refouna
et qua toujour passa per fage
diquel fau que diou fiegue Na
A queou Narcisse
tourna Etourna un Ermuag
Car jamay home parlet miou
de la naissance dou grand diou
dey veritay de Nre Dou

Diny a quéou béhura moumen
La vierge ere diny un Estable
Qu'enfantune Lence pourment
Nre Redemptour adorable
~~prend~~ un Estable Ere per Palay
Lef Courtihan Lou Biou et L'ay

~~Toul y en Joye enaqueolio~~
Ley bestiey ~~quan~~ mesme enaqueon lio
Sont touley pleny dalegresse
tandi que Lase fay hi ho
Lou Biou Lou Lippe et Lou Lavesse
Cantendont touley a Souhé
Nerie Noë Noë Noë